COMMUNE DE CAPVERN

DOCUMENTS

RELATIFS A LA CONCESSION

DES ÉTABLISSEMENTS THERMAUX

ET DES SOURCES MINÉRALES

APPARTENANT A LA COMMUNE DE CAPVERN.

TARBES

J.-A. LESCAMELA, IMPRIMEUR DE LA PRÉFECTURE

40 — RUE LARREY — 40

1885

COMMUNE DE CAPVERN

DOCUMENTS

RELATIFS A LA CONCESSION

DES ÉTABLISSEMENTS THERMAUX

ET DES SOURCES MINÉRALES

APPARTENANT A LA COMMUNE DE CAPVERN.

TARBES

J.-A. LESCAMELA, IMPRIMEUR DE LA PRÉFECTURE

40 — RUE LARREY — 40

1885

PROCÈS-VERBAL D'ADJUDICATION

PAR SOUMISSIONS CACHETÉES

DE LA CONCESSION DES ÉTABLISSEMENTS THERMAUX ET DES SOURCES MINÉRALES

Appartenant à la commune de Capvern.

Ce-jourd'hui vingt-six décembre mil huit cent soixante-douze, à une heure de l'après-midi,

En présence de M. le Préfet des Hautes-Pyrénées,

Nous DOUAT, maire de la commune de Capvern, assisté de MM. Laforgue et Laran, membres du Conseil municipal, et de M. Fornier, receveur municipal,

Nous sommes rendu en la salle ordinaire des adjudications de la Préfecture pour procéder, en vertu des dispositions de l'ordonnance du 18 juin 1823, de la loi du 18 juillet 1837 et de l'ordonnance du 14 novembre 1837, à la réception et au dépouillement des soumissions des personnes qui voudront concourir à l'adjudication de la concession de l'exploitation des établissements thermaux de Capvern, aux clauses et conditions du cahier des charges délibéré en séance du Conseil municipal le 27 octobre 1872, et approuvé par M. le Préfet des Hautes-Pyrénées le 4 novembre suivant.

Ainsi que l'explique l'article premier du cahier des charges, le *rabais doit porter sur la durée de la concession, dont le maximum est fixé à cinquante-un ans.*

Le public a été introduit dans la salle, et, sur l'invitation faite à haute voix aux personnes qui seraient dans l'intention de concourir, de remettre leurs soumissions.

Des paquets cachetés, au nombre d'un, ont été déposés sur le bureau; ils ont été numérotés dans l'ordre de leur présentation.

Des enveloppes contenant les pièces justificatives ont été publiquement ouvertes et il a été dressé un état de ces pièces.

A ce moment le public, sur l'invitation qui lui en a été faite, a évacué la salle.

Les pièces produites ont été examinées, et après avoir consulté les membres du bureau, nous avons arrêté ainsi qu'il suit la liste des concurrents agréés :

Nº 1, M. Souberbielle, banquier à Bagnères.

La séance est redevenue publique, et nous avons fait connaître notre décision par la lecture de cette liste.

Nous avons ensuite procédé à l'ouverture des soumissions des concurrents agréés. Leur dépouillement, par nous proclamé à haute voix, a donné les résultats suivants :

NOMS des CONCESSIONNAIRES.	DEMEURE.	RABAIS CONSENTI sur la durée DE LA CONCESSION.	OBSERVATIONS.
SOUBERBIELLE (Adrien), Banquier A BAGNÈRES.	Bagnères, faisant élection de domicile A CAPVERN.	Un an.	

L'offre de M. Souberbielle (Adrien) étant la plus avantageuse, nous, DOUAT, maire de la commune de Capvern, de l'avis de la Commission d'adjudication, avons déclaré que ledit M. SOUBERBIELLE (Adrien), banquier, demeurant à Bagnères et faisant élection de domicile à Capvern, est et demeure concessionnaire, pendant cinquante années, à partir du premier janvier mil huit cent soixante-treize, de l'exploitation des Etablissements thermaux de Capvern, aux clauses et conditions du cahier des charges délibéré en séance du Conseil municipal le 27 octobre 1872, approuvé par M. le Préfet des Hautes-Pyrénées le 4 novembre suivant.

La concession commençant le premier janvier mil huit cent soixante-treize, expirera le premier janvier mil neuf cent vingt-trois.

Pour la garantie de ses engagements et en conformité du cahier des charges, M. SOUBERBIELLE (Adrien), concessionnaire, a déposé entre les mains du Receveur municipal des valeurs diverses qu'il s'engage à convertir dans un délai de quinze jours en bons du Trésor, en numéraire ou en rentes françaises.

Les frais de timbre, de publication, d'enregistrement et d'expédition auxquels peut donner lieu la présente adjudication, demeurent à la charge de M. SOUBERBIELLE (Adrien), concessionnaire.

Le Concessionnaire,	*Le Maire,*	*Le Receveur,*
Signé : SOUBERBIELLE.	Signé : DOUAT.	Signé : FORNIER.

Les Membres du Conseil municipal,	*Le Préfet,*
Signé : LARAN, LAFORGUE.	Signé : FÉRAUD.

Enregistré à Tarbes, le treize janvier 1873, fol. 136, R. C. 5 à 8. Reçu cent cinquante-six francs soixante centimes, décime trente-un francs trente-deux centimes.

Le Receveur de l'Enregistrement,

Signé : FAYET.

Pour copie conforme :

Le Secrétaire général,

J. DUPERRON.

CONCESSION

CAHIER DES CHARGES

ARTICLE PREMIER.

L'adjudication qui fait l'objet du présent cahier des charges aura lieu au rabais sur la durée du bail, dont le maximum est fixé à cinquante-un ans à partir du premier janvier mil huit cent soixante-treize.

Elle comprend :

1º L'exploitation des établissements thermaux de Hount-Caoute et du Bouridé, de la Fontaine ferrugineuse et des sources minérales qui seront découvertes sur le sol communal pendant la durée de la concession ;

2º La jouissance du Parc, du Casino et des promenades, sous la réserve de conserver au public l'usage des allées principales ;

3º L'abandon en toute propriété de deux hectares de terrain communal à prendre au sud-est du bois de la Hount-Caoute entre le ruisseau et les propriétés privées qui bordent ce bois, ces propriétés appartenant aux héritiers Queheillat, Mailho, Pierre Caubet, Abadie Télo, Laran, Bélé, et Abadie Télo. Le bois-taillis est désigné au cadastre sous le nº 7 bis de la section A et porte le nom de quartier du Laca.

ART. 2.

L'adjudicataire sera tenu d'exécuter, dans un délai qui ne pourra dépasser six ans, à ses frais, risques et périls, et jusqu'à concurrence de huit cent mille francs (800,000 fr.), les travaux dont le détail va suivre et qui sont figurés, les plus importants sinon tous, sur le plan d'ensemble établi par M. Bulher, savoir :

Le captage et l'aménagement des sources d'eaux minérales ;

La reconstruction des établissements thermaux de Hount-Caoute et du Bouridé ;

La création d'un Parc avec Casino ;

L'établissement de promenades ;

L'ouverture et le redressement des rues et l'établissement de deux nouveaux chemins conduisant au Bouridé, l'un par la fontaine chaude et l'autre par le village ;

La restauration de la chapelle ;

La construction d'un pavillon pour la source ferrugineuse ;

La construction d'un abattoir, d'un lavoir, de fontaines et d'une maison pour le service de la poste ;

L'adjudicataire devra en outre acquérir à ses frais les terrains nécessaires à l'exécution des travaux ci-dessus définis, et au besoin en poursuivre l'expropriation pour cause d'utilité publique.

L'état de ces terrains, qui sera préalablement soumis au Conseil municipal, devra comprendre notamment le moulin, le terrain Duvergé, la petite maison Porterie, la maison Lafforgue-Coupet et le terrain nécessaire au boulevard.

Le montant de ces acquisitions sera déduit de la somme de huit cent mille francs que doit dépenser le concessionnaire, en exécution des dispositions qui précèdent.

Art. 3.

Tous les travaux énumérés ci-dessus seront exécutés dans l'ordre qui sera fixé par l'Administration.

L'adjudicataire devra présenter et soumettre au Conseil municipal, dans les quatre mois de l'adjudication, les plans de détail et les devis destinés à compléter le travail de M. Bulher. Il aura, ainsi que la commune, la faculté de proposer toutes les modifications qu'il croira utiles, mais ces modifications ne pourront être exécutées que moyennant le consentement formel et l'approbation préalable de l'Administration.

Art. 4.

Le montant des travaux sera calculé d'après le prix d'unité du bordereau annexé au présent cahier des charges. Les prix non prévus seront réglés par la Commission des bâtiments civils du département en prenant pour base les éléments de ceux de l'adjudication.

Art. 5.

L'adjudicataire s'engage à justifier, dans le délai de deux ans, par tous titres dont il fera la remise à la commune, que la propriété des immeubles acquis par lui, en exécution du présent cahier des charges, est régulièrement établie, que le prix en a été payé et qu'ils sont francs et libres de tout privilége et de toute hypothèque.

Art. 6.

Dans le cas où les dépenses à faire pour les dispositions et les travaux ci-dessus et tous autres que la commune reconnaîtrait nécessaires dépasseraient la somme de huit cent mille francs, l'adjudicataire sera tenu de les exécuter seulement jusqu'à concurrence d'une somme de quatre cent mille francs en sus des 800,000 francs, et la durée de la concession sera alors augmentée à raison d'une année par chaque trente-cinq mille francs d'excédant. Il en sera de même pour les travaux supplémentaires proposés par l'adjudicataire et agréés par la commune.

Dans tous les cas, les constructions, accroissements, améliorations et embellissements de toute nature opérés par l'adjudicataire pendant la durée du bail sur les terrains appartenant à la commune et sur ceux dont l'acquisition doit avoir lieu en exécution du présent cahier des charges, y compris les machines, baignoires, tuyaux et autres objets ayant le caractère d'immeubles par destination, demeureront la propriété de la commune, sans aucune indemnité, à l'expiration du bail, lors même que lesdits accroissements, constructions et améliorations auraient été faits en sus des engagements pris par l'adjudicataire.

ART. 7.

Le concessionnaire ne pourra élever sur les terrains de la commune ou sur ceux qu'il doit lui céder, aucune construction dont les plans n'auraient pas été préalablement approuvés sur l'avis du Conseil municipal.

ART. 8.

Le concessionnaire pourra fixer lui-même le prix des eaux, à la condition toutefois de ne pas dépasser les limites du tarif maxima ci-après :

	Du 15 mai au 15 juin.	Du 15 juin au 15 septembre.	Du 15 septembre au 15 mai.
BOISSONS.			
Abonnement pour l'usage de l'eau sur place en boisson, donnant droit à toutes les buvettes, par personne et pour la durée du séjour..... ...	4 »»	8 »»	4 »»
Pour les personnes non abonnées et par jour.........	» 40	» 60	» 30
BAINS ET DOUCHES.			
Bains de 6 heures du matin à 10 heures, à tous les établissements...	1 25	2 »»	1 25
Bains hors les heures ci-dessus...	1 »»	1 50	1 »»
Douches de 6 heures du matin à 10 heures, et de 3 à 5 heures du soir.	1 25	2 »»	1 25
Douches hors les heures ci-dessus.	1 »»	1 50	1 »»
Bains de piscine....	» 80	1 »»	» 80
Douches ascendantes, de 6 heures à 10 heures du matin et de 3 à 5 heures du soir................... ...	» 75	1 25	» 75
Douches ascendantes hors les heures ci-dessus......	» 50	1 »»	» 50
Bains de pieds, sans distinction d'heures..	» 40	» 60	» 40

Dans les prix ci-dessus fixés se trouvent compris tous les frais de préparation de bain, le linge, les soins des garçons et filles de bain.

Le linge à fournir pour chaque bain ou douche consiste en un peignoir ou un drap et deux serviettes.

Toute fourniture supplémentaire est taxée ainsi qu'il suit :

Un peignoir ou drap chauffé, dix centimes ; une serviette chauffée, cinq centimes ; un fond de bain, vingt-cinq centimes.

Il sera fait une remise de vingt centimes par bain ou douche à tout baigneur qui fournira son linge.

S'il veut le faire chauffer à l'établissement, cette diminution ne sera que de dix centimes.

EAUX EN BOUTEILLES.

L'eau mise en bouteilles, bouchées, cachetées ou capsulées, verre compris, est fixée aux prix suivants :

La bouteille de 1 litre............. 0^f 40

La bouteille de 50 centilitres ou 1/2 l. 0 30

Lorsque les acheteurs voudront faire remplir pour leur propre consommation des bouteilles leur appartenant, il leur sera fait, sur le tarif ci-dessus, une remise de quinze centimes par bouteille.

Les prix portés au tarif ci-dessus pourront être modifiés avec l'assentiment du Conseil municipal et de l'Administration.

ART. 9.

Pendant les dix premières années de la concession, l'adjudicataire payera à la commune, par semestre et terme échu, une redevance annuelle de dix mille francs. A l'expiration de ces dix années, si la recette brute des établissements thermaux et de leurs dépendances dépasse cent mille francs, il sera attribué à la commune, indépendamment de la redevance fixe ci-dessus stipulée, une allocation éventuelle calculée à raison de vingt francs par chaque cent francs de recette brute excédant ladite somme de cent mille francs.

ART. 10.

L'Administration se réserve le droit de vérifier les registres des recettes des établissements thermaux faisant partie de la concession, d'organiser pour cette vérification tel contrôle qui lui paraîtra nécessaire. Toutefois cette mesure ne devra entraîner aucune ingérance de l'Administration dans les actes de gestion du concessionnaire.

ART. 11.

Pendant toute la durée de la concession, l'adjudicataire sera tenu de faire à ses frais, aux établissements thermaux et à toutes leurs dépendances, ainsi qu'aux bâtiments, fontaines, promenades et chemins construits ou restaurés par lui et affectés à un service public, tous les travaux d'entretien, même ceux de grosse réparation et de reconstruction, qui seraient nécessaires.

Il rendra le tout à la fin de la jouissance en bon état d'entretien et de réparation de toute espèce.

Dans le cas de négligence de la part du concessionnaire, il sera, à la diligence de l'administration municipale et après mise en demeure, pourvu d'office à l'entretien des travaux faisant l'objet de la concession, sauf répétition du montant de la dépense contre lui. Les avances faites par la commune seront recouvrées dans la forme établie par l'article 63 de la loi du 18 juillet 1837.

ART. 12.

Le concessionnaire prendra, dans l'état où ils se trouvent, le matériel et le mobilier appartenant à la commune qui garniront les établissements thermaux au moment de l'entrée en jouissance. Il sera fait du tout un état descriptif et estimatif destiné à servir de base à la reprise que l'Administration aura le droit de faire à la fin de la concession, ainsi qu'il sera dit ci-après. Le concessionnaire sera tenu d'augmenter ce matériel et ce mobilier et de les mettre en rapport avec les constructions nouvelles. Il les entretiendra à ses frais. A l'expiration du bail, il sera fait un état descriptif et estimatif du mobilier et du matériel que contiendront alors les établissements concédés. La commune choisira dans cet état descriptif tels des objets qui y seront compris, pour se couvrir du montant de l'estimation du matériel et du mobilier cédés au concessionnaire lors de son entrée en jouissance, jusqu'à concurrence de cette estimation.

Elle aura le droit, mais ne pourra être tenue de reprendre le surplus du matériel et du mobilier pour leur valeur estimative.

Art. 13.

Lors de l'entrée en jouissance du concessionnaire, il sera dressé à ses frais et contradictoirement entre lui et la commune un état des immeubles et des sources composant l'établissement dont l'exploitation lui est concédée.

Après l'achèvement et la réception des travaux et constructions énoncés dans l'article 2, il en sera dressé également à ses frais, dans les mêmes formes, un état descriptif qui sera annexé à l'état des lieux ci-dessus exigé.

Art. 14.

Le concessionnaire aura le droit de prendre sans indemnité, dans les terrains appartenant à la commune non loués ni exploités, les matériaux de construction autres que le bois à employer dans les travaux à exécuter, à charge par lui de s'entendre avec la commune pour le choix des lieux, le mode d'exploitation, les dispositions de sécurité à prendre selon les cas, etc.

Le bois excroissant sur les terrains livrés par la commune dont l'abatage ne sera point indispensable pour l'assiette des constructions projetées, sera respecté par le concessionnaire.

Art. 15.

Pour la garantie de ses engagements, le concessionnaire devra fournir en espèces, en rentes ou en bons du Trésor, un cautionnement de cinquante mille francs (50,000 fr.).

Ce cautionnement ne sera restitué qu'après l'expiration de

la première annuité et lorsque la dépense en travaux aura atteint le chiffre de cent cinquante mille francs (150,000 fr.).

ART. 16.

Les habitants de Capvern pourront, comme par le passé, faire usage gratuitement des eaux, en boisson, en bains ou en douches. Ils seront admis à se baigner pendant toute la durée de la saison thermale et à leur tour d'arrivée.

Ils auront aussi le droit de puiser à la source et d'emporter chez eux l'eau minérale destinée à leur usage personnel.

Les indigents désignés par le Maire, par le Préfet des Hautes-Pyrénées et par le Ministre du Commerce seront admis gratuitement à faire usage des eaux aux époques fixées par l'Administration supérieure. Ils ne seront dirigés sur la station de Capvern entre le 15 juin et le 1er septembre que dans le cas d'urgence constatée.

ART. 17.

Les contributions publiques et charges de toute nature qui sont ou pourront être imposées aux établissements thermaux de Capvern et à leurs dépendances seront supportées par le concessionnaire. Il devra également prendre à sa charge le traitement du médecin-inspecteur.

L'adjudicataire devra assurer à ses frais, contre les risques de l'incendie, les bâtiments et les objets mobiliers dont il aura la jouissance.

Il devra de même transporter à la commune le bénéfice éventuel de l'assurance, de telle manière que, dans le cas de sinistre, l'indemnité due soit touchée par la commune.

L'Administration aura le choix de la compagnie d'assurances.

ART. 18.

Le concessionnaire ne pourra, sans le consentement de l'administration municipale, céder en tout ou en partie son droit à l'exploitation des établissements thermaux, sources, bâtiments, terrains ou dépendances.

ART. 19.

Il se conformera aux règlements existants et à ceux qui viendront à être établis par l'Administration, concernant le service des eaux minérales. Toutefois, aucune modification ne pourra être apportée au règlement particulier de Capvern sans que le concessionnaire ait été appelé à présenter ses observations.

ART. 20.

Le concessionnaire sera tenu de recevoir les agents que l'Administration supérieure préposera à la surveillance de l'exploitation. Il leur donnera toutes les facilités nécessaires à l'accomplissement de leur mandat.

Cette disposition s'applique plus spécialement au médecin-inspecteur attaché à la station thermale de Capvern.

La commune pourra instituer, sous le titre de commissaire ou sous tout autre titre, près des établissements de Capvern, un agent de surveillance chargé de la représenter et spécialement de veiller, en son nom, à la bonne, entière et loyale exécution des charges, clauses et conditions du bail.

L'Administration se réserve, en outre, de faire inspecter lesdits établissements, toutes les fois qu'elle le jugera utile, par les personnes qu'elle désignera.

Le concessionnaire devra déférer aux observations des uns et des autres, eu égard à leurs attributions respectives. Il sera tenu de faciliter au médecin-inspecteur l'accomplissement des droits et devoirs qu'il tient de ses fonctions, et notamment de suivre ses indications en tout ce qui peut se rapporter à la conservation des eaux dans leurs conditions de composition et de température, à l'entretien, et, lorsqu'il y aura lieu, à l'amélioration des appareils destinés à la distribution et à l'administration des eaux. Il facilitera l'exécution des prescriptions données par les divers médecins dans l'intérêt de leurs clients. Il fera observer rigoureusement par ses agents l'ordre d'inscription établi pour l'usage des bains et douches dans le registre d'entrée, et, en un mot, tout ce qui sera nécessaire pour assurer une exacte régularité du service.

ART. 21.

Le concessionnaire aura la nomination des garçons et filles de bains ; mais le médecin-inspecteur et l'agent commissaire de la commune pourront en requérir le renvoi. En cas de dissentiment, leur réquisition pourra être exécutée provisoirement, sauf recours au Préfet. Le concessionnaire ne pourra attacher aucun médecin au service des établissements thermaux, ni rien faire qui soit de nature à contrarier en quelque manière que ce soit le droit qu'ont les malades d'appeler auprès d'eux les médecins de leur confiance pour la direction de leur traitement.

ART. 22.

Faute par le concessionnaire d'avoir entièrement exécuté les travaux à sa charge dans les délais fixés, faute aussi par lui d'avoir rempli les diverses obligations qui lui sont imposées par le présent cahier des charges, il encourra la déchéance, et il sera pourvu à la continuation et à l'achèvement des travaux, comme à l'exécution des autres engagements contractés par le concessionnaire, au moyen d'une adjudication qu'on ouvrira entre personnes préalablement agréées par l'Administration, sur les clauses du présent cahier des charges et sur une mise à prix égale à la valeur des travaux déjà exécutés, des terrains acquis et des matériaux approvisionnés.

Les concessionnaires évincés recevront, des nouveaux concessionnaires, la valeur que la nouvelle adjudication aura déterminé pour les objets compris dans la mise à prix, déduction faite d'une somme de cinquante mille francs qui sera attribuée à la commune à titre de dommages-intérêts.

Si l'adjudication ouverte n'amène aucun résultat, une nouvelle adjudication sera tentée sur les mêmes bases, avec un rabais de cinquante pour cent sur la mise à prix de la nouvelle adjudication.

Si cette seconde tentative reste également sans résultat, les concessionnaires seront définitivement déchus de tout droit à la concession, et la commune rentrera dans la libre disposition de la propriété, sans que les concessionnaires puissent réclamer aucune indemnité pour les travaux ou améliorations exécutés et pour les terrains acquis durant la concession pour le compte de la commune.

En cas d'interruption partielle ou totale du service des établissements, l'Administration prendra immédiatement, aux frais et risques du concessionnaire, les mesures nécessaires pour assurer provisoirement le service.

Si dans les deux mois de l'organisation du service provisoire, le concessionnaire n'a pas valablement justifié les moyens de reprendre et de continuer l'exploitation, et s'il ne l'a pas effectivement reprise, la déchéance pourra être prononcée par l'Administration, qui fera procéder à l'adjudication conformément aux dispositions qui précèdent.

Art. 23.

Les contestations entre le concessionnaire et la commune, relativement à l'interprétation ou à l'exécution de leur marché, seront jugées par le Conseil de Préfecture.

Le concessionnaire sera tenu, sauf toutes réserves de droit, d'exécuter provisoirement les décisions de l'Administration, en tout ce qui est relatif à l'exploitation et à la police des établissements.

Le concessionnaire devra faire élection de domicile à Capvern ; à défaut, toute notification lui sera valablement faite au secrétariat de la mairie de cette commune.

Art. 24.

Le concessionnaire aura la faculté d'organiser, sous sa responsabilité, une société commerciale par actions, pour

2

l'exploitation des établissements qui font l'objet de sa concession.

Art. 25.

Les frais des études faites jusqu'à ce jour par M. Bulher, architecte-paysagiste, pour l'amélioration de Capvern-les-Bains, seront réglés par le Préfet et acquittés par l'adjudicataire en déduction des 800,000 francs dont il est fait mention à l'article 2.

Art. 26.

Les droits d'enregistrement du marché et des pièces adjudicatives, ainsi que les frais de timbre, de publication et d'expédition, seront à la charge de l'adjudicataire, qui devra en acquitter le montant dans le délai de dix jours.

Fait à Capvern, le vingt-six octobre mil huit cent soixante-douze.

Le Maire,

Signé : DOAT.

Vu et adopté par nous, membres du Conseil municipal de la commune de Capvern.

Signé : LARAN, MAILHO, LARAN, FOURCADE, LAFORGUE, FERROU, BARRAGUÉ.

Vu et approuvé :

Tarbes, le 4 novembre 1872.

Le Préfet,

T. FÉRAUD.

Pour copie conforme :

Capvern, le 7 septembre 1883.

Le Maire,

PRÉFECTURE DES HAUTES-PYRÉNÉES.

Le Conseil de Préfecture du département des Hautes-Pyrénées,

Présents :

MM. de Lafforest, vice-président ; Dufraisse et Doncœur, conseillers, et Marcassus, commissaire du Gouvernement.

Vu, en date du 10 juillet 1874, le mémoire introductif d'instance présenté par le sieur Adrien Souberbielle, concessionnaire des établissements thermaux de Capvern, demandant l'interprétation des articles 1, 2, 3, 4, 5, 6, 7, 9, 11, 14, 16, 18, 20, 21 et 23 du cahier des charges et l'addition d'un article supplémentaire ;

Vu, en date du 10 septembre 1874, le mémoire présenté par M. le Maire de Capvern en réponse au mémoire du sieur Souberbielle ;

Vu, en date du 6 septembre 1874, le mémoire présenté par le Conseil municipal, demandant, de son côté, l'interprétation des articles 1, 2, 3, 5, 7, 11, 12, 14 et 23 dudit cahier des charges ;

Vu le cahier des charges de la concession ;

Vu les autres pièces du dossier ;

Vu les lois des 28 pluviôse an VIII et 18 juillet 1837 ;

Ouï M. Doncœur, conseiller, en son rapport ;

Ouï, dans l'intérêt du sieur Souberbielle, Me Candellé-Bayle, avocat ;

Ouï, dans l'intérêt de la commune, Me Darnaudat, avocat ;

Ouï M. Marcassus, commissaire du Gouvernement, en ses conclusions orales et motivées.

Sur la question de compétence qui a été soulevée au cours du procès.

Considérant que l'art. 4 de la loi du 28 pluviôse an VIII établit la compétence du Conseil de Préfecture pour les difficultés concernant le sens ou l'exécution des clauses des marchés de travaux publics ; que l'art. 3 du cahier des charges ne fait que reproduire cette disposition de la loi quand il ordonne que les contestations concernant *l'interprétation* ou l'exécution des clauses seront soumises au Conseil de Préfecture ;

Que dès lors le Conseil est compétent, d'une part, toutes les fois qu'une difficulté surgit de part ou d'autre non-seulement sur l'exécution d'une clause, mais encore sur le sens attaché par les parties au texte du marché ;

Considérant, d'autre part, que le Conseil ne saurait, sans dépasser les limites ainsi tracées de sa compétence, connaître d'une demande en révision ou en addition.

Sur la Fontaine ferrugineuse.

Considérant qu'on ne saurait rendre le concessionnaire responsable de la disparition de la source ; qu'il est acquis au Conseil que toutes les précautions voulues ont été prises pour le captage de la source ;

Que cette disparition constitue pour le concessionnaire une perte de bénéfice dont il est juste de lui tenir compte, qu'il y a lieu par conséquent : 1° de dispenser le concessionnaire du kiosque destiné à servir de buvette, sous la réserve qu'il serait tenu de la construction de ce kiosque au cas de la réapparition de la source ; 2° de faire vérifier, par voie d'expertise, quelle peut être la compensation due au concessionnaire pour la privation de bénéfice résultant de la disparition de la source ; qu'à cet effet, il convient d'adopter pour base de l'indemnité le revenu moyen, pour le concessionnaire précédent, de la source pendant les dix dernières années, sous la réserve pour le sieur Souberbielle de restituer à la commune la valeur de l'indemnité qui pourra lui être allouée de ce chef au cas de réapparition de ladite source.

Sur la jouissance du Parc.

Considérant que les termes : « jouissance du Parc et des promenades », doivent être pris dans le sens le plus large, comme celle du Casino, de manière que l'adjudicataire puisse y établir, même temporairement, tout établissement qu'il lui plaira, d'utilité ou d'agrément, susceptible d'exploitation, sauf la réserve prévue au cahier des charges de conserver au public l'usage des allées principales, et celle de l'art. 6 entendue en ce sens que tout ce qui peut être considéré comme immeuble par destination soit acquis à la commune et lui fasse retour à l'expiration de la concession, lesquels immeubles par destination ne pourront être élevés que d'après les plans adoptés ;

Que cette jouissance suppose également la faculté pour le concessionnaire d'élaguer, d'abattre et de changer les arbres du parc suivant le plan accepté par la commune, et en cas de contestation soumis dans le délai d'un mois à la décision du Préfet.

Sur l'emplacement de deux hectares abandonnés en toute propriété suivant l'art.. 1er au concessionnaire.

Considérant que le cahier des charges seul fait la loi des parties ; que dans l'espéce il ne saurait être infirmé par l'indication vague du plan Bulher ; qu'il y a lieu dès lors de s'en rapporter purement et simplement aux prévisions de l'art. 1 du cahier des charges.

Sur les délais.

Considérant qu'en l'absence de toute clause spéciale au cahier des charges les délais doivent être considérés comme partant du jour de l'adjudication, mais que les retards qui se sont produits jusqu'à ce jour étant imputables partie à la commune, partie au concessionnaire, que lesdits retards ont mis ce dernier dans l'impossibilité de satisfaire à ses obligations ; dans ces circonstances, il y a lieu, pour le Conseil, de fixer à nouveau le point de départ et la durée de ces délais.

Sur la fixation de l'ordre des travaux.

Considérant que les travaux seront exécutés dans l'ordre indiqué par l'art. 3 ;

Qu'il faut l'entendre en ce sens que l'administration municipale déterminera l'ordre des travaux, sous réserve de l'approbation préalable du Préfet ; que les autres travaux supplémentaires auxquels fait allusion l'art. 6 ne peuvent arriver qu'en second lieu, après que les premiers auront été exécutés.

Sur les conditions des années de prolongation de jouissance.

Considérant que le cahier des charges ne distingue en aucune manière les années de jouissance ordinaires de celles qui sont accordées en compensation d'un surplus de dépense, que, par conséquent, elles doivent avoir lieu dans les mêmes conditions.

Sur les délais à imposer à la commune pour l'examen des propositions qui lui seront soumises par l'adjudicataire.

Considérant que dans le silence du cahier des charges, il y a lieu, pour empêcher le retour des inconvénients survenus par suite du retard apporté par la commune dans l'examen des affaires, de donner acte aux parties de leur acceptation du délai de un mois proposé à l'audience ;

Que le dépôt des plans ou devis ou autres mesures seront constatés par un récépissé mentionnant la date du dépôt et que, en cas de rejet, le refus d'approbation soit motivé.

Fontaines à édifier par le concessionnaire.

Considérant que le cahier des charges n'indique pas le lieu de l'établissement de ces fontaines ; que cette indication incombe à la commune ; qu'il y a lieu par conséquent de surseoir à statuer jusqu'à ce que des propositions dans ce sens aient été faites au concessionnaire.

Sur l'obligation contractée par la commune relativement au privilège du concessionnaire pour l'établissement et l'exploitation d'un Casino.

Considérant que le cahier des charges, en accordant un monopole au concessionnaire, crée pour la commune l'obligation de ne pas élever ou laisser élever sur le sol communal un établissement susceptible de constituer une concurrence ; qu'elle l'a d'ailleurs reconnu à l'audience.

Sur la fixation d'une série de prix supplémentaires.

Considérant qu'on ne saurait d'ores et déjà prévoir les prix supplémentaires qui pourront dans la suite être appliqués à des travaux non encore définis.

Sur la question de savoir si le concessionnaire peut obliger la commune à dépasser le chiffre de 800,000 fr.

Considérant que le cahier des charges donne exclusivement à la commune le soin de déterminer les travaux qu'il y aura lieu de faire en sus de la dépense de 800,000 fr. et ne donne pas au concessionnaire un droit réciproque.

Sur la question de savoir ce qu'il faut entendre par recette brute.

Considérant qu'il faut entendre le produit de tous les établissements faisant partie de la concession et prévus au cahier des charges, sans déduction des frais d'exploitation.

Sur la question de savoir ce qu'il faut entendre par dépendances des établissements thermaux.

Considérant que le cahier des charges est suffisamment précis lorsqu'il indique les établissements que le concessionnaire devra construire et dont il pourra tirer profit.

Sur la question d'interprétation soulevée par le concessionnaire relativement à l'art. 9 qui lui impose l'obligation de payer à la commune une allocation de 20 fr. par chaque 100 fr. de recette brute excédant la somme de 100,000 fr., après l'expiration des dix premières années de l'exploitation.

Considérant que le cahier des charges faisant partie du dossier d'adjudication porte notamment : « Il sera attribué à » la commune, indépendamment de la redevance fixe » ci-dessus stipulée, une allocation éventuelle calculée à » raison de 20 fr. par chaque 100 fr. de recette brute excé- » dant ladite somme de 100,000 fr. »

Que ce texte ne peut donner lieu à interprétation.

Sur l'énumération des charges d'entretien.

Considérant qu'elles sont en termes formels prévues en l'art. 11 du cahier des charges ; qu'à l'audience, la commune a reconnu elle-même que ces charges d'entretien s'appliqueraient aux édifices et chemins construits par l'entrepreneur et faisant l'objet de la concession.

Sur le droit des habitants de Capvern à faire usage des eaux.

Considérant que ce droit est établi sans restriction dans le cahier des charges ;

Que la poursuite des abus, s'il vient à s'en produire, n'est pas de la compétence du Conseil de Préfecture, qui n'a d'ailleurs aucun droit de réglementation en l'espéce.

Sur le droit de cession de l'exploitation.

Considérant qu'il est régi par les règles du droit commun et qu'une interprétation de ce chef est inutile.

Sur les objections du concessionnaire relatives aux art. 20, 21 et 23 du cahier des charges.

Considérant que le cahier des charges, dans chacun de ces articles, détermine d'une façon catégorique les droits et les obligations réciproques des parties, qu'il n'y a pas lieu par suite à interprétation de ces articles,

ARRÊTE :

ARTICLE PREMIER.

Le sieur Souberbielle, Adrien, concessionnaire des établissements thermaux de la commune de Capvern, est exonéré de toute indemnité à l'égard de la commune à suite de la disparition de la source ferrugineuse.

ART. 2.

Il sera procédé à une expertise contradictoire par les soins de M. Vaussenat, ingénieur civil à Bagnères, expert nommé par le sieur Souberbielle, et M. Dausset, architecte à Tarbes, expert nommé par la commune, à l'effet d'établir : 1º le revenu moyen de la source ferrugineuse pendant les dix dernières années d'exploitation qui ont précédé la concession ; 2º la compensation basée sur ce revenu qui peut être due de ce chef au concessionnaire par suite de la disparition de cette source.

Les experts devront évaluer en argent le montant de cette compensation.

Art. 3.

Le concessionnaire est dispensé d'effectuer les travaux afférents au captage de cette fontaine et du kiosque de la buvette, mais il serait tenu de les exécuter conformément au cahier des charges si cette source venait à reparaître. Les sommes affectées à ces travaux seront provisoirement défalquées de la somme totale de huit cent mille francs de l'entreprise.

Art. 4.

La jouissance du parc comprend le droit pour l'adjudicataire d'établir à ses profit, risques et périls, même temporairement, tout établissement qu'il lui plaira, d'utilité ou d'agrément, susceptible d'exploitation, sous la réserve de conserver au public l'usage des allées principales, et que toutes les constructions ou embellissements ayant le caractère d'immeubles par destination seront acquis à la commune et devront lui faire retour à l'expiration de la concession. Ces dernières constructions ne pourront être effectuées qu'après que leurs plans auront été soumis à la commune et approuvés par elle. En cas de désaccord, ils seront soumis à la décision du Préfet dans le délai d'un mois à partir du dépôt du plan à la mairie.

La jouissance du parc comprend également pour l'adjudicataire la faculté d'élaguer les arbres et même de les abattre et de les remplacer suivant les nécessités des aménagements et dans les limites du plan adopté. La propriété du bois élagué ou abattu sera acquise au concessionnaire.

Art. 5.

L'emplacement des deux hectares de terre abandonnés au concessionnaire en toute propriété, en vertu de l'art. 1er du cahier des charges, est déterminé par la désignation qui en est faite audit art. 1er, § 3.

Art. 6.

Tous les délais prescrits au cahier des charges seront comptés à partir de la notification du présent arrêté. Ils seront notamment de deux mois pour la production des projets complets des travaux à exécuter; de un an pour justifier de l'acquisition, du paiement et de la libération de toutes charges ou hypothèques des terrains prévus en l'art. 5 du cahier des charges; de six ans pour l'achèvement des travaux.

Le concessionnaire suivra l'ordre des travaux tel qu'il sera indiqué par l'Administration, en vertu des prescriptions de l'art. 3. Ils devront aussi obtenir la priorité sur tous autres travaux supplémentaires présentés par la commune ou le concessionnaire.

Les années de jouissance supplémentaire à raison de 35,000 francs de surplus de dépense sont accordées au concessionnaire aux conditions ordinaires : c'est-à-dire de la redevance annuelle de 10,000 fr., sans préjudice du dividende de 20 0/0 à verser s'il y a lieu à la commune.

Il est donné acte aux parties de l'acceptation faite à l'audience du délai de un mois pour examiner les propositions qu'elles auraient réciproquement à se faire.

Art. 7.

Il est donné acte aux parties de la reconnaissance faite à l'audience par la commune de l'obligation par elle contractée de respecter le privilège du concessionnaire en ce sens qu'elle ne pourra, sous quelque désignation que ce puisse être, élever ni laisser élever sur le terrain communal aucun établissement susceptible de constituer une concurrence à l'exploitation du concessionnaire.

Art. 8.

La situation réciproque des parties relativement à la fixation du chiffre des travaux, telle qu'elle est établie en l'art. 6 du cahier des charges, doit être entendue en ce sens que l'adjudicataire peut être tenu d'atteindre le maximum de 1,200,000 francs sans que la réciproque existe à son profit. Il ne pourra donc dépasser le chiffre de 800,000 fr. qu'avec l'approbation de la commune.

Art. 9.

Il faut entendre par l'expression « recette brute » portée en l'art. 9 du cahier des charges, les produits de la concession sans aucune déduction de frais, sans toutefois y comprendre tout ce qui ne serait qu'un recouvrement de frais avancés par le concessionnaire ; par exemple : le prix des bouteilles, des objets remplacés et vendus, etc.

Art. 10.

On doit comprendre à l'art. 9 du cahier des charges, sous la désignation d'établissements thermaux et leurs dépendances, tous les établissements que le concessionnaire devra construire et dont il pourra tirer profit.

Art. 11.

L'interprétation proposée par le concessionnaire au sujet du dividende à donner à la commune quand la recette dépassera 100,000 fr., est rejetée.

Art. 12.

L'énumération des bâtiments et chemins dont les charges d'entretien sont prévues à l'art. 11, concerne les édifices et chemins construits ou réparés par l'adjudicataire qui font l'objet de la concession.

Art. 13.

Les réclamations du concessionnaire touchant les articles 16, 18, 20, 21 et 23 du cahier des charges, sont rejetées.

Art. 14.

La demande du concessionnaire relative à l'émission d'un article additionnel est rejetée.

Art. 15.

Toutes les autres demandes des parties sont rejetées.

Art. 16.

Préalablement à toute opération, les experts ci-dessus désignés prêteront serment devant M. le Juge de Paix de Lannemezan de bien et fidèlement remplir leur mandat. Ils avertiront les parties des jour et heure de leur transport sur les lieux et rédigeront un rapport de leurs opérations, qu'ils transmettront au greffe du Conseil de Préfecture.

Jugé et prononcé en audience publique, à Tarbes, le six mars mil huit cent soixante-quinze.

Présents et opinants, les membres du Conseil ci-dessus désignés, assistés du secrétaire-greffier.

Signé : De Lafforest, vice-président; Doncœur, conseiller rapporteur, et Sabathié, secrétaire-greffier.

Pour copie conforme, destinée aux archives de la Sous-Préfecture de Bagnères :

Le Secrétaire général,

MARCASSUS.

Pour copie conforme :

Capvern, le 6 mai 1875.

Pour le Maire empêché :

L'Adjoint délégué,

ABADIE.

PRÉFECTURE DES HAUTES-PYRÉNÉES.

Le PRÉFET des Hautes-Pyrénées, chevalier de la Légion-d'Honneur,

Vu, à la date du 26 décembre 1872, le procès-verbal d'adjudication de la concession des établissements thermaux appartenant à la commune de Capvern ;

Vu le cahier des charges qui a servi de base à cette concession, ensemble le bordereau des prix d'unité y annexé ; vu notamment les articles 3 et 7 de ce cahier des charges, aux termes desquels les plans et devis des travaux d'embellissement à exécuter par le concessionnaire doivent être présentés par lui et approuvés par le Préfet, sur l'avis du Conseil municipal ;

Vu les avant-projets présentés par le concessionnaire le 11 février 1875, et consistant :

1° En quatorze feuilles de dessin réunies en album ;

Et 2° en un cahier où sont groupés les devis sommaires :

Des thermes de Hount-Caoute et du Bouridé,

De la Buvette,

Du bureau de poste,

De l'abattoir,

Du Casino,

Du boulevard et du pont-passerelle ;

Vu le rapport, en date du 23 février 1875, par lequel la commission municipale prise au sein du Conseil pour examiner le travail présenté par M. Souberbielle, propose d'adopter en principe le plan d'ensemble placé en tête de l'album, feuille n° 1, avec cette réserve :

1° Que le chemin à construire au couchant du ruisseau de Hount-Caoute viendra joindre le chemin de grande communication n° 10, au premier lacet en venant de Hount-Caoute au village de Capvern ;

2º Que le chemin dit de la Serre du Laca sera réparé et entretenu au moyen des ressources communales en dehors de la concession, et que le concessionnaire sera chargé de la construction d'un nouveau chemin conduisant directement de l'établissement du Bouridé au village de Capvern ;

La même commission municipale, passant ensuite à l'examen des plans et devis de détail contenus dans l'album et dans le cahier ci-dessus visés, émet l'avis, de concert avec le concessionnaire, de ramener au chiffre total de sept cent cinquante-trois mille francs la dépense à faire en travaux de construction, savoir :

Etablissement thermal de Hount-Caoute ....F.	250.000
Etablissement thermal du Bouridé	130.000
Buvette	15.000
Bureau de poste et télégraphe...............	20.000
Casino....................................	120.000
Abattoir................................	7.000
Boulevard et promenade horizontale.........	70.000
Chemin du Bouridé au village et à Hount-Caoute.	70.000
Place des Thermes	35.000
Fontaines, lavoir et abreuvoir	6.000
Parc....................................	30.000
	753.000

Vu la délibération du 28 février 1875, par laquelle le Conseil municipal approuve le rapport que nous venons d'analyser, aux conditions suivantes :

« Le concessionnaire ne pourra dépasser, en aucun cas, la » somme de huit cent mille francs fixée par le cahier des » charges.

» Les travaux de construction des établissements thermaux » seront commencés aussitôt que le concessionnaire aura été » mis en possession des terrains sur lesquels doit être situé » l'établissement de Hount-Caoute.

» Le concessionnaire devra fournir, avant de commencer
» les travaux, de nouveaux plans et de nouveaux devis. Le
» montant des devis ne devra pas dépasser la somme fixée
» par la commission municipale.

» Le concessionnaire devra exécuter, immédiatement après
» la construction des établissements thermaux, le chemin
» conduisant de l'établissement thermal du Bouridé au village
» de Capvern. »

Procédant en exécution de l'art. 20 de la loi du 18 juillet 1837,

ARRÊTE :

Article 1er. — Est approuvé, aux conditions stipulées dans
le rapport de la commission municipale, en date du 23 février
1875, et dans la délibération du Conseil municipal qui adopte
ce rapport, le plan d'ensemble des améliorations et des
embellissements projetés dans la station de Capvern et dont
l'exécution doit avoir lieu par le concessionnaire des Thermes.

Ce plan d'ensemble, qui fait l'objet de la feuille de dessin
n° 1 de l'album présenté par le concessionnaire, n'est adopté
que comme programme et seulement en ce qui concerne le
tracé des rues et des chemins à ouvrir dans la station de
Capvern, ainsi que l'assiette des constructions projetées.

Art. 2. — Avant de commencer les travaux, le concessionnaire devra présenter au Conseil municipal et soumettre à
notre approbation les plans, devis, avant-métré et détail estimatif des constructions et des améliorations votées en principe par l'assemblée municipale, et qui sont énumérées et
décrites dans le rapport du 23 février 1875.

Ces projets, auxquels seront appliqués les prix du bordereau annexé au cahier des charges, pourront être établis
d'après les dessins-types déposés par le concessionnaire,
mais la dépense ne devra point excéder les limites fixées par
la commission du Conseil municipal.

Ces limites sont les suivantes :

Etablissement thermal de Hount-Caoute.....F.	250.000
Etablissement thermal du Bouridé	130.000
Buvette	15.000
Bureau de poste et télégraphe...............	20.000
Casino....................................	120.000
Abattoir.	7.000
Boulevard et promenade horizontale..........	70.000
Chemin du Bouridé au village et à Hount-Caoute.	70.000
Place des Thermes.........................	35.000
Fontaines, lavoir et abreuvoir	6.000
Parc.....................................	30.000
	753.000

Art. 3. — M. le Sous-Préfet de Bagnères est chargé de l'exécution du présent arrêté.

Tarbes, le 8 mars 1875.

Le Préfet,

Signé : T. FÉRAUD.

Pour copie conforme :

Le Sous-Préfet,

Signé : TOURNAMILLE.

3

SÉRIE DES PRIX

POUR TRAVAUX D'AMÉLIORATION ET D'EMBELLISSEMENT

A EXÉCUTER A CAPVERN-LES-BAINS.

NUMÉROS des prix.	DÉTAIL DES PRIX.	PRIX.
	1. Terrassements.	
1	Le prix d'un mètre cube de déblai à opérer par le concessionnaire, soit que ces déblais soient en terre, sable, pierrailles, cailloux, blocs granitiques, schisteux ou autres, y compris les frais d'extraction, triage et escarpements à la poudre ou à la pince, sera unique, quelle que soit la distance des dépôts....................	1 »
	Seulement, si des rochers continus se présentaient et qu'il fût reconnu nécessaire de les extraire, dans ce cas, le prix du mètre cube serait compté à	5 »
	Tous ces déblais seront calculés sur des profils préalablement relevés et contrôlés.	
2	Le prix d'un mètre cube de remblai sera également unique, n'importe la distance, y compris la charge, la décharge, régalage et pilonage........	1 25
	Ces remblais seront aussi évalués avant l'exécution au moyen des profils relevés exactement et contrôlés.	
	2. Plantations.	
3	Prix d'un mètre carré de gazonnage à plat pour revêtement superficiel des talus, les gazons provenant des terrains de la commune...	0 30

NUMÉROS des prix.	DÉTAIL DES PRIX.	PRIX.
4	Prix d'un mètre carré de gazonnage par assises de 0ᵐ15 à 0ᵐ20 d'épaisseur, les gazons provenant des terrains de la commune.......	0 50
5	Prix d'un mètre carré d'ensemencement des surfaces à gazonner, avec graines assorties pour pelouses................	0 05
6	Prix d'un pied d'arbre d'essence dite forestière à feuille caduque de 0ᵐ03 de grosseur au collet au moins, y compris la fourniture du tuteur et la plantation....................	2 50
7	Prix d'un pied d'arbre d'essence dite d'agrément à feuille caduque ayant au moins 0ᵐ03 d'épaisseur au collet, y compris le tuteur et la plantation	4 »
8	Prix d'un pied d'arbre à feuille persistante ayant un mètre de longueur environ, mis en place................	2 50
9	Prix d'un arbuste employé en massif, y compris la fourniture du tuteur, mis en place.....	0 50

3. Maçonneries et Autres.

	Le mortier pour toute espèce de maçonnerie sera composé de 0ᵐ45 centièmes de chaux éteinte et de 0ᵐ90 cubes de sable grenu.	
10	Prix du mètre cube de maçonnerie ordinaire avec moellons et mortier de chaux hydraulique pour massifs en fondation ou murs présentant un seul parement.....	13 50
11	Prix du mètre cube de maçonnerie de moellons avec chaux hydraulique pour murs en élévation, compris crépis et enduits.......	17 40
12	Prix du mètre cube de maçonnerie de moellons pour fondations, les moellons provenant des démolitions	8 90

NUMÉROS des prix.	DÉTAIL DES PRIX.	PRIX.
13	Prix du mètre cube de maçonnerie de moellons pour élévation, les moellons provenant de démolitions	13 10
14	Si l'on emploie de la chaux grasse au lieu de chaux hydraulique, le mètre cube de la maçonnerie de moellons sera diminué de 1 fr. 15 c., ce qui donnera	11 95
15	Prix du mètre cube de la pierre de taille de Lourdes	150 »
16	Prix du mètre carré de moulures, pierre dure développée au cordeau	12 »
17	Prix du mètre cube de maçonnerie de briques tubulaires.................................	48 25
18	Prix du mètre cube de maçonnerie de pierre de taille de Louvie	155 »
19	Prix du mètre cube de pierre de taille de Gourgues.................................	117 50
20	Prix du mètre carré de moulures développées au cordeau (pierre de taille de Louvie).	10 »
21	Prix du mètre carré de moulures développées au cordeau de la pierre de taille de Gourgues.	12 »
22	Prix du mètre superficiel de dallage en pierre dure de Lourdes....................	15 65
23	Prix du mètre superficiel de dallage en schiste de Lourdes	17 30
24	Déplacement des marches des escaliers : il sera payé pour chaque marche..............	1 »
25	Mètre de démolition des murs, y compris le rangement, nettoyage et triage des matériaux.................................	1 50
26	Mètre superficiel de stuc, compris peinture et lissage avec fer chaud, faux frais et bénéfices	4 »

NUMÉROS des prix.	DÉTAIL DES PRIX.	PRIX.
27	Mètre superficiel de plafond à trois couches dont deux en plâtre gris et une en plâtre blanc, faux frais et bénéfices.....	2 10
27 bis.	Mètre superficiel de cloisons en briques tubulaires, enduits en plâtre, faux frais et bénéfices	2 70
28	Mètre linéaire de marches des escaliers en pierre de Lourdes, quelque soit le dessin prescrit et compris toutes les fournitures, faux frais et bénéfices......................... ...	10 »
29	Mètre superficiel de dallages avec vieux carreaux posés sur mortier, façon et fourniture de mortier, y compris faux frais et bénéfices	2 50
30	Maçonnerie de briques biscuites de Bourgogne : 650 briques à 61 fr. 10 c. le mille.F. 39 71 30 de mortier à 19 fr. 14 c. le mille. 5 74 Façon, bordage et rejointement.... 20 » Echafaudages, faux frais et bénéfices......................... 9 81	75 26
31	Corniche en plâtre d'un dessin quelconque et d'un développement d'un mètre, sera payée par mètre courant, y compris faux frais et bénéfices et toutes fournitures	15 »
32	Mètre courant de corniches dans les mêmes conditions que la précédente et d'un développement de 0^m60, y compris bénéfices et faux frais.............................	8 »
33	Corniche dans les mêmes conditions que la première et d'un développement de 0^m30, y compris bénéfices et faux frais..............	4 »

NUMÉROS des prix.	DÉTAIL DES PRIX.	PRIX.
	Charpente.	
34	Mètre cube de charpente en bois de chêne, avec ou sans assemblage..............	100 »
35	Mètre cube de charpente en bois de sapin des Pyrénées, exécutée dans les mêmes conditions que la précédente....................	88 »
36	Mètre carré de couverture en ardoises de Labassère, posées sur lattes en sapin au 1/3 de pureau.........................	3 70
37	Mètre cube de charpente de repose de bois provenant des démolitions, bénéfices et faux frais.....	5 50
38	Mètre carré de couverture avec vieille ardoise posée sur lattis neuf, fournie par l'entrepreneur, bénéfices et faux frais	1 25
39	Mètre superficiel de zinc (n° 14) pour couverture, actiers, faîtage et lambrequins, posé sur voliges en sapin, compris soudures, couvre-joints, le tout parfaitement terminé, bénéfices et faux frais....	9 »
40	Mètre superficiel de cheneaux en zinc (n° 14), sera payé, compris soudures, planches de sapin de 0^m03 d'épaisseur, pour former la dalle, ainsi que les équerres en fer pour fixer cette planche, bénéfices et faux frais	10 »
41	Mètre linéaire de tuyaux en zinc (n° 14), de 0^m12 de diamètre, compris collier, pose et peinture à trois couches, bénéfices et faux frais.	3 »
42	Mètre linéaire de tuyaux en ferblanc double de 0^m12 de diamètre en feuilles en travers, compris pose, crochets et peinture, bénéfices et faux frais	3 »

NUMÉROS des prix.	DETAIL DES PRIX.	PRIX.
43	Chaque marche pour l'escalier de service, tout en chêne, marche et contre-marche de 0^m03 d'épaisseur, courbes, rampons et limons élégis, sera payé par marche, y compris la main-courante et les barreaux..	10 »
44	L'escalier principal, exécuté en chêne de 0^m04 d'épaisseur, limons, courbes et rampants élégis, le tout exécuté avec luxe, sera payé, y compris faux frais et bénéfices, par mètre courant de marche...................... ..	8 »
45	Mètre superficiel de plomb en feuille, de 0^m015 d'épaisseur, y compris soudures et toutes fournitures, sera payé, mis en place, y compris bénéfices et faux frais.....	12 »
46	Châssis à tabatière, en fonte, à crémaillère, d'un système à prescrire au moment de l'exécution et de dimension libre de 0^m60 sur 0^m45, sera payé, mis en place, y compris faux frais et bénéfices..	14 »
47	Thésillons en bois de sapin des Pyrénées, pose, faux frais et bénéfices...................	0 30
	Menuiserie.	
48	Mètre superficiel de plancher en frise de chêne, bois sec, de 0^m035 d'épaisseur, ayant 0^m10 ou 0^m11 de large, assemblé, rainure et languette, tout compris, faux frais et bénéfices...	8 »
49	Mètre superficiel de plancher en sapin de Nerva, dit bois rouge, bien sec, de 0^m035 d'épaisseur, les lames ayant 0^m11 de largeur, assemblé, rainure et languette, tout compris, sera payé, bénéfices et faux frais..	4 50
50	Mètre superficiel de plancher en sapin des Pyrénées, avec lames de 0^m22 de largeur, assemblé à rainure et languette, et blanchi sur	

NUMÉROS des prix.	DÉTAIL DES PRIX.	PRIX.
	une face, sera payé par mètre carré, y compris faux frais et bénéfices..................	3 25
51	Le mètre superficiel de porte vitrée, de grande dimension et à grand effet, bâtis en chêne de 0ᵐ045 d'épaisseur, remplissage et barreaux en sapin de Nerva, quelle que soit la dimension indiquée et le dessin, sera payé, faux frais et bénéfices............	13 »
52	Le mètre superficiel de volets en sapin du Nord, de 0ᵐ035 d'épaisseur, à panneaux, sera payé	8 »
53	Le mètre superficiel de portes intérieures à panneaux et à grandes moulures poussées à la main, encadrements et couronnements riches et à grand effet, bâtis en chêne de 0ᵐ045 d'épaisseur, remplissage en Nerva, sera payé, quel que soit le dessin indiqué, y compris faux frais et bénéfices.................	14 »
54	Le mètre linéaire de plinthes doubles en sapin du Nord, de 0ᵐ30 de hauteur, avec moulures, sera payé........	2 »
55	Le mètre superficiel de porte pleine en chêne du Nord, de 0ᵐ040 d'épaisseur, pour cabinets de bains, sera payé...............	11 »
56	Le mètre superficiel de portes vitrées ordinaires en sapin du Nord, de 0ᵐ35 d'épaisseur, sera payé......	9 »
57	Le mètre superficiel de planches en sapin pour cloison, de 0ᵐ04 d'épaisseur, mis en place, sera payé....................	5 »
58	Le mètre superficiel de menuiserie pour étagères, vitrines en bois de sapin des Pyrénées, de 0ᵐ035 d'épaisseur, sera payé, y compris faux frais et bénéfices..............	4 »

NUMÉROS des prix.	DÉTAIL DES PRIX.	PRIX.
	Serrurerie.	
59	Le kilogramme de fer forgé pour boulons, étriers, chaînes, sera payé, mis en place......	1 »
60	Le mètre superficiel de châssis en fer maillé, compris banautières et pose, sera payé.......	9 »
61	La ferrure complète d'une croisée, composée de six fiches de 95 millimètres de hauteur....	6 50
62	Ferrure complète d'une persienne	18 »
63	Id. Id. de volets	1 50
64	Id. Id. d'une porte intérieure à un ouvrant...	7 50
65	Si la porte est à deux vantaux, le prix sera élevé de............................	2 50
66	Le kilogramme de fer forgé pour balcon, de 0ᵐ90 de hauteur, exécuté conformément au dessin qui sera fourni pour l'exécution, sera payé	1 50
	Nota. — Les articles de quincaillerie feront l'objet de prix spéciaux à débattre et à fixer dans le courant de l'entreprise..............	Mémoire.
	Peintures et Vitrerie.	
67	Le mètre superficiel de peinture à trois couches à l'huile, sera payé, y compris bénéfices et faux frais......................	1 »
68	Le mètre superficiel de peinture en détrempe à la colle et à trois couches, sera payé........	0 20
69	Le mètre superficiel de peinture, faux bois, imitation marbre ou pierre, sera payé, bénéfices et faux frais...................	2 25

NUMÉROS des prix.	DÉTAIL DES PRIX.	PRIX.
70	Le mètre superficiel de verre demi double blanc, première qualité, sera payé, mis en place, compris mastic et pointes............ ..	6 50
71	Le mètre superficiel de verre double blanc, premier choix, sera payé, mis en place, compris mastic et pointes.......................	10 »
	NOTA. — Les prix des cheminées en marbre seront débattus en cours d'exécution.........	Mémoire.

Vu pour être annexé au cahier des charges qui doit servir de base à l'adjudication des établissements thermaux de Capvern.

Capvern, le 26 octobre 1872.

Le Maire,

Signé : DOAT.

Vu et accepté :

Le Concessionnaire,

Signé : SOUBERBIELLE.

Enregistré à Tarbes, le 5 janvier 1873, folio 146, verso, case 1. Reçu trois francs, décime soixante centimes.

Le Receveur,

Signé : FAYET.

Pour copie conforme :

Le Secrétaire général,

P. MARCASSUS.

TRIBUNAL CIVIL DE BAGNÈRES.

AUDIENCE DU 17 JANVIER 1881. (1° c.)

Entre M. Louis Broca, syndic de la faillite de la Société en commandite par actions Souberbielle et Cⁱᵉ, dite Société des Eaux minérales de Capvern, agissant en cette qualité, domicilié à Bagnères, défendeur, représenté par Mᵉ Rolland, avoué; — Et Pierre Abadie, propriétaire, domicilié à Capvern, agissant en qualité de maire de ladite commune, demandeur, représenté par Mᵉ Doubrère, avoué. — En fait. — M. A. Souberbielle, banquier à Bagnères, était devenu concessionnaire, à partir du *premier janvier 1873*, des établissements thermaux de Capvern et de l'exploitation des eaux; une société se forma sous la raison sociale Souberbielle et Cⁱᵉ pour l'exploitation de cette opération. Cette société ayant été déclarée en faillite le *quatre mai 1880,* le syndic fit, conformément à l'article *450* du code de commerce, notifier à la commune son intention de continuer le bail fait à M. Souberbielle, sous l'offre d'exécuter toutes les obligations et toutes les charges dudit bail; en réponse à cette notification, la commune de Capvern fit assigner le syndic de la faillite par exploit de Lagrave, huissier, en date du *dix janvier 1880,* enregistré, devant le tribunal séant, pour voir prononcer la résiliation du contrat de bail et de concession dont il s'agit; voir dire que la commune reprendrait la libre et entière disposition des locaux et objets à elle appartenant; voir dire au besoin, que par voie d'expertise, la situation respective de la commune de Capvern et de la Société des Eaux minérales de Capvern serait déterminée, et qu'il serait fait application à la commune requérante des clauses, conditions et droits pouvant résulter du susdit traité avec dépens et cinq mille francs de dommages. Sur cette assignation, dans laquelle Mᵉ Doubrère était constitué pour la commune de Capvern, Mᵉ Rolland se constitua ultérieurement pour M. Broca ès-qualités.

La cause en cet état a été inscrite au rôle, et après fixation préalable appelée à son n° à l'audience du vingt-sept décembre 1880, dans laquelle M⁰ Doubrère, *avoué*, a conclu pour sa partie, M⁰ Boussés, avocat, plaidant.

Plaise au Tribunal : Sans avoir égard à choses dites ou alléguées par l'adversaire et déclarant n'y avoir lieu de continuer ou maintenir la concession adjugée à Souberbielle, le 26 décembre 1872, déclarer au contraire le contrat résilié et ordonner qu'il sera procédé par voie de folle-enchère, conformément à l'article 22 du cahier des charges, et condamner l'adversaire aux dépens, sous réserve formelle de tous autres droits.

M⁰ Rolland, *avoué*, a conclu pour sa partie, M⁰ Rousse, avocat, plaidant.

Plaise au Tribunal : Sur le moyen de résiliation pris de l'inexécution des conditions du cahier des charges, dire que l'action de la commune est irrecevable comme prématurée, en tant qu'elle a été intentée avant l'expiration des délais fixés par le cahier des charges, prorogés par l'arrêté du Conseil de Préfecture du 6 mars 1875 ;

Dire que tous les délais qui s'y trouvent stipulés, et notamment le délai de *six ans* imparti pour l'achèvement des travaux, n'ont pas encore commencé à courir, faute par la commune d'avoir notifié au concessionnaire l'arrêté susvisé, conformément aux prescriptions impératives qu'il contient, pour fixer le point de départ de la durée des délais ;

En ce qui touche la redevance annuelle, dire que le syndic justifie avoir rempli toutes les obligations du contrat, par le paiement à la commune des termes échus à ce jour, ainsi que par le paiement du traitement du médecin-inspecteur ;

Qu'en ce qui concerne l'achèvement des travaux, le syndic justifie qu'il a les ressources et les moyens d'exécution nécessaires pour terminer ceux restant encore dûs sur la somme de 800,000 fr. formant le prix de la concession ;

1° *Sur le moyen pris de ce que les sûretés promises ont été diminuées,* dire que les sûretés données lors du contrat ont été maintenues ;

2° *Sur le moyen pris de ce que la faillite a résilié le bail,* dire qu'aux termes de la loi, le seul fait de la faillite n'a pas eu pour effet d'entraîner la résiliation de la concession dont s'agit.

En conséquence, vu l'art. 1186 du C. C ; vu les articles 450 et 550 du Code de commerce, maintenir le syndic dans la continuation du droit d'exploiter les établissements thermaux de la commune de Capvern pendant tout le temps restant à courir, à charge par lui d'exécuter toutes les conditions du cahier des charges, et notamment de terminer les travaux dans le délai de six années, calculé, conformément à l'arrêté du Conseil de Préfecture du 6 mars 1875, à dater du jour de la notification qui en sera faite au syndic. Moyennant ce, rejeter toutes autres demandes, fins et conclusions de la commune, comme étant prématurées, injustes et mal fondées.

Me Rolland a encore déposé avant les conclusions du ministère public les conclusions supplémentaires ci-après :

Plaise au tribunal : En ce qui touche notamment le délai de 6 années imparti au concessionnaire pour exécution des travaux, donner acte au syndic de ce que la commune de Capvern a reconnu à l'audience du 27 décembre qu'elle n'avait jamais notifié à Souberbielle l'arrêté du 6 mars 1875, et conformément à l'article 6 de cet arrêté, dire au besoin que la preuve de défaut de notification résulte de tous les documents versés au procès, et que dans tous les cas la commune demanderesse ne justifie pas d'un acte quelconque de notification fait à sa requête ayant pour effet de fixer le point de départ nécessaire pour faire courir le délai dont s'agit.

En conséquence, dire qu'en exécution de l'arrêté du 6 mars 1875, le syndic a encore un délai de 6 années pour terminer les travaux imposés au concessionnaire et que ce délai ne sera compté qu'à dater du jour où la commune, se conformant audit arrêté, aura fait la notification au syndic. Subsidiairement, fixer le jour à partir duquel doivent être comptés les délais stipulés au cahier des charges, et notamment le délai de 6 ans relatif aux travaux, et adjuger sur ce point au syndic le bénéfice des conclusions subsidiaires déjà prises en son nom, à l'audience du 27 décembre, sous la réserve de tous autres moyens, fins et conclusions. En droit : Le tribunal, ouï le ministère public, a eu à statuer sur les conclusions respectives des parties. Quiet des dépens. — Bagnéres, le dix février 1881.

Pour copie :

ROLLAND.

L'an mil huit cent quatre-vingt-un, le dix février,

Je, huissier-audiencier, soussigné, requérant Me Rolland, avoué de sa partie, ai remis cette copie à Me Doubrère, avoué de sa partie, en son étude à Bagnéres, en parlant à lui-même.

Coût un franc vingt.

Employé pour la copie deux feuilles de timbre spécial de 0 60 : 1 fr. 20 c.

J.-M. TARDOS, huissier.

AUDIENCE DU 17 JANVIER 1881.

Entre le sieur Louis Broca, domicilié à Bagnéres, syndic de la faillite de la Société des Eaux minérales de Capvern, représenté par Me Rolland, avoué,

Et la commune de Capvern, représentée par Me Doubrère, avoué.

Attendu que la demande en résiliation faite par la commune de Capvern n'est pas justifiée par l'état de faillite dont s'agit, qu'elle est au contraire formellement repoussée, sur ce point, par l'article 1709 du Code civil et la loi du 12 février 1872 ; que ces deux dispositions législatives sont applicables en l'espèce ; que la fin de non-recevoir contre leur application est dénuée de toute raison, et qu'il serait véritablement oiseux d'insister sur ce point ; que le syndic a donc le droit de demander la continuation du bail, aux conditions requises par la loi, et que la résolution n'a point lieu, de plein droit, et par le seul effet de la faillite, comme il vient d'être dit ;

Attendu qu'en conséquence, et à l'appui de la demande en résolution, la Commune a prétendu, en premier lieu, que les sûretés qui lui avaient été données par l'acte de bail ont été diminuées, mais que cette allégation est dénuée de toute justification, et que de plus elle est démentie de la manière la plus manifeste par les faits du procès, et qu'il est bien établi que les sûretés données et stipulées dans le cahier des charges, en faveur de la commune de Capvern, loin d'avoir été amoindries, ont, au contraire, été augmentées ;

Qu'en effet, la garantie stipulée dans le cahier des charges, c'était le dépôt de 50,000 francs à titre de cautionnement ; que ce dépôt a été effectué par Souberbielle, mais qu'il l'a retiré, du consentement de la commune, après qu'il a eu exécuté des travaux pour plus de cent cinquante mille francs ; que le droit de retirer le cautionnement avait été d'ailleurs stipulé pour ce cas ; que les sûretés promises n'ont pas été diminuées ;

Attendu qu'au contraire elles ont été augmentées ; qu'en effet, les travaux opérés se porteraient, non pas à cent cinquante mille francs seulement, mais à six cent mille francs, et qu'il n'en resterait plus à exécuter que pour deux cent mille francs ; qu'à l'audience du 27 décembre dernier, où l'affaire a été plaidée contradictoirement, ce fait a été avancé et plusieurs fois répété, et qu'il n'a jamais été contredit ;

Attendu que le motif de la demande en résolution pris de la diminution des sûretés promises doit donc être rejeté ;

Attendu que la Commune a prétendu, en second lieu, que les travaux convenus n'ont pas été accomplis dans le délai stipulé ; qu'il y a donc inexécution des conventions, et que, par conséquent, le contrat de bail doit être résolu ;

Qu'elle prétend encore que le Concessionnaire du bail n'a pas payé les honoraires du médecin-inspecteur ;

Qu'elle prétend, de plus, que la redevance annuelle de 10,000 fr. qui lui est due pour prix du bail n'a pas été payée non plus, qu'il en est de même des impositions qui étaient à la charge du Concessionnaire ;

Mais que ces dernières prétentions sont démenties par tous les documents de la cause, desquels il résulte que le traitement du médecin-inspecteur et la redevance annuelle de 10,000 fr. ont été soldés et que toutes les obligations contractées envers la Commune ont été remplies ;

Que ces causes ou plutôt ces allégations produites par la Commune à l'appui de sa demande en résolution doivent donc être écartées ;

Attendu qu'il en est de même de l'allégation de la Commune qui prétend que l'adjudicataire n'a pas fait dans le délai stipulé les travaux qu'il devait faire à l'immeuble donné en bail, comme il est dit ci-dessus ;

Attendu, sur ce point, que les travaux stipulés devaient se porter à une dépense de 800,000 fr., que ces travaux devaient être effectués dans un délai de six ans à dater du jour de l'adjudication, qu'ils ont été faits en grande partie ; mais que la Commune soutient que le terme est échu sans que les travaux soient terminés, et qu'à ce point de vue la prétention de la Commune présenterait un caractère plus ou moins sérieux s'il n'était pas survenu une grave modification de la convention primitive ;

Attendu que cette modification résulte d'un arrêté du Conseil de Préfecture des Hautes-Pyrénées, rendu entre les parties au procès actuel ou leurs auteurs, le 5 mars 1875 ; que cet arrêté accorde à l'adjudicataire ou Concessionnaire un nouveau délai de six ans à dater de la signification de l'arrêté ;

Attendu que la signification de l'arrêté n'a jamais été faite ; que le syndic est donc dans le délai pour achever les ouvrages, et que la demande en résolution fondée sur le retard est dénuée de toute justification, qu'elle doit donc être repoussée ;

Attendu, quant à l'arrêté de Préfecture, qu'il a été reconnu par toutes parties, à l'audience du vingt-sept décembre dernier, que cet arrêté avait été déféré par un pourvoi régulier au Conseil d'Etat ; que la commune de Capvern a prétendu que l'instance était toujours pendante, mais que le syndic, au contraire, a prouvé que l'instance a été bien évacuée, et que le pourvoi a été rejeté par un arrêté du Conseil d'Etat, qui est du 9 avril 1880, et qui a été produit avant les conclusions du ministère public ;

Attendu que, dans un tel état des choses, l'arrêté du Conseil de Préfecture demeure dans toute sa force et doit faire repousser encore une fois le moyen proposé par la commune de Capvern, et tiré de ce que les travaux n'auraient pas été terminés dans le délai fixé ;

Attendu que toute partie qui succombe est tenue des dépens ;

PAR CES MOTIFS,

Le Tribunal, jugeant en matière ordinaire et en premier ressort, disant définitivement droit aux parties ;

Ouï le ministère public à la dernière audience ;

Sans égard aux dires, moyens invoqués par la commune de Capvern à l'appui de sa demande en résiliation, et les rejetant, rejette aussi sa dite demande en résiliation, ainsi que toutes ses autres conclusions ; et en relaxe le Syndic, partie de Me Rolland, et le maintient dans le droit d'exploiter les eaux thermales dont s'agit, à la condition par lui de se conformer exactement aux stipulations portées dans le cahier des charges, et à l'arrêté du Conseil de Préfecture de Tarbes, sus-énoncé ;

Moyennant ce, rejette toutes autres demandes, fins et conclusions de toutes parties ;

Condamne la commune de Capvern aux dépens.

SOUS-PRÉFECTURE DE BAGNÈRES.

Le PRÉFET des Hautes-Pyrénées,

Vu, à la date du 26 décembre 1872, le procès-verbal d'adjudication de la concession des établissements thermaux appartenant à la commune de Capvern ;

Vu le cahier des charges qui a servi de base à cette concession, ensemble le bordereau des prix d'application y annexé ; vu notamment les articles 3 et 7 de ce cahier des charges, aux termes desquels les plans et devis des travaux d'embellissement à exécuter par le concessionnaire doivent être présentés par lui-même et approuvés par le Préfet sur l'avis du Conseil municipal ;

Vu les avant-projets établis le 17 septembre 1873 par M. Abadie, architecte de la Compagnie fermière des eaux de Capvern ; le rapport en date du 23 février 1875 par lequel la commission prise au sein du Conseil municipal pour examiner le travail présenté au nom de M. Souberbielle propose d'adopter, sous certaines réserves, le plan d'ensemble placé en tête de l'album (feuille n° 1) et décide, de concert avec le concessionnaire, que le chiffre total de la dépense à faire en travaux sera limité à sept cent cinquante-trois mille francs (753,000 fr.) et répartie ainsi qu'il suit :

Etablissement de Hount-Caoute........ ....F.	250.000
— du Bouridé.....................	130.000
Buvette	15.000
Bureau de poste et télégraphe..................	20.000
Casino..........................	120.000
Abattoir..	7.000
Boulevard et promenades principales...........	70.000
Chemin du Bouridé au village et à Hount-Caoute.	70.000
Place des Thermes.............................	35.000
Fontaines, etc.................................	6.000
Parc..........................	30.000
Total égal...........F.	753.000

Vu la délibération du 28 février 1875 par laquelle le Conseil municipal adopte le rapport ci-dessus analysé, à la condition expresse et formelle que la somme à dépenser par le concessionnaire ne pourra, dans aucun cas, dépasser huit cent mille francs (800,000 fr.);

Vu l'arrêté *du 8 mars suivant* par lequel notre prédécesseur approuve le programme arrêté d'un commun accord entre la commission et le concessionnaire et invite celui-ci à présenter au Conseil municipal et à soumettre à l'approbation préfectorale, avant de commencer les travaux, les plans, devis, avant-métrés et détails estimatifs des améliorations indiquées dans le rapport de la commission municipale en date du 23 février 1875 ;

Vu, au nombre de onze, les projets présentés par M. Souberbielle, en exécution de l'arrêté précité ;

La délibération prise le 26 décembre 1875, de laquelle il résulte que le Conseil municipal accepte les projets relatifs à la construction des thermes de la Hount-Caoute et du Bouridé, de la buvette, de la poste et du télégraphe, du casino et de l'abattoir, mais sous la réserve expresse que ces projets seront complétés avant l'exécution des travaux ; en outre, le Conseil subordonne son approbation à diverses conditions, dont les principales peuvent être résumées ainsi :

1° Il n'est rien préjugé en ce qui concerne les prix non prévus au bordereau qui a servi de base à l'adjudication, et, par conséquent, le Conseil municipal n'accepte ni ne refuse les prix portés par le concessionnaire sur les divers détails estimatifs ;

2° Il n'est rien préjugé non plus sur la question des honoraires dus à l'architecte et dont le montant a été porté sur les devis estimatifs, attendu que ces honoraires, d'après la commune, sont à la charge du concessionnaire ;

3° Le Conseil rejette formellement l'emploi de la pierre d'Angoulême, qui n'est pas prévue dans la série des prix, et demande qu'elle soit remplacée par la pierre dure de Lourdes et de Gourgues ;

4° Chaque devis sera accompagné d'une description sommaire indiquant l'ensemble du projet et surtout le point où l'adjudicataire entend asseoir chaque bâtiment ;

5° Les planchers du rez-de-chaussée seront en cœur de chêne, comme c'est indiqué au devis ; mais ceux des étages supérieurs seront en frises de nerva ;

6° Les travaux seront exécutés dans l'ordre du programme arrêté d'accord avec le concessionnaire...................
. . . .

Dans les cas où le concessionnaire croirait devoir intervertir cet ordre, le Conseil municipal entend que tous les travaux indiqués au programme soient exécutés, et si les premiers bâtiments construits donnent lieu à des dépenses supplémentaires, elles seront supportées par l'adjudicataire aux conditions du cahier des charges, c'est-à-dire qu'elles seront prises sur les 400,000 francs à dépenser en plus ;

7° Les plans seront cotés et les projets datés et signés par M. Abadie avant d'être déposés à la mairie de Capvern.

Passant ensuite à l'examen des plans et devis de détail présentés par la Compagnie fermière, le Conseil fait, sur chacun d'eux, les observations suivantes :

Etablissement de Hount-Caoute.

Le grand corridor destiné à desservir les divers cabinets et, s'il est possible, les corridors latéraux, auront une plus grande largeur.

Il sera déposé, au fur et à mesure de l'avancement des travaux et avant tout travail, par étage, pour servir au contrôle, les plans de détail, dessins d'exécution, etc., ainsi que les profils nécessaires pour apprécier le mouvement des terres.

Etablissement du Bouridé.

Dans le cas où la construction de ce bâtiment nécessiterait la démolition de l'établissement actuel, le Conseil municipal exprime le vœu que le rez-de-chaussée du projet soit modifié de façon à recevoir dix-huit ou vingt-quatre baignoires.

Pour cet établissement, comme pour le précédent, il sera remis, avant le commencement des travaux, un plan coté et détaillé par étage pour servir au contrôle.

Buvette.

Pour ce bâtiment comme pour les autres, il sera remis à la commune, avant tout travail, un plan coté et détaillé, signé de M. Abadie.

Poste et Télégraphe.

Ce bâtiment sera construit à l'un des angles de la place du marché. Il sera déposé, avant tout travail, à la mairie, les plans cotés et détaillés.

Casino.

Le Casino sera construit au lieu indiqué sur le plan d'ensemble déjà accepté en 1875.

Il sera remis, avant tout travail, les plans cotés et détaillés pour servir au contrôle.

Abattoir.

Le grand bâtiment seul sera construit. Il sera assis sur la limite des deux communes de Capvern et de Mauvezin.

Enfin le Conseil municipal ajourne l'examen des projets suivants :

Boulevard.

Promenade horizontale.

Chemin du village au Bouridé.

Chemin du Bouridé à Hount-Caoute.

Place des Thermes.

Lavoir, fontaines et parc.

Vu les pièces produites par le concessionnaire, en vue de satisfaire à la demande du Conseil municipal mentionnée à l'article 4 des observations générales ;

L'avis exprimé par le Conseil des bâtiments civils, dans sa séance du 15 octobre 1876 ;

Procédant en exécution de l'article 20 de la loi du 18 juillet 1837 et du décret du 25 mars 1852,

ARRÊTE :

ARTICLE PREMIER.

Sont approuvés, aux conditions et sous les réserves indiquées par le Conseil municipal de Capvern dans sa délibération du 26 décembre 1875, et seulement pour celles de leurs parties qui ont été acceptées par cette même délibération, les projets ci-après énumérés des améliorations et des embellissements que la Compagnie concessionnaire des établissements thermaux est tenue de faire exécuter à Capvern-les-Bains, suivant les dispositions des articles 2 et 6 du cahier des charges, savoir :

Construction de l'établissement de la Hount-Caoute (dépense présumée)........................F.	250.000
Construction du Bouridé (établissement thermal)..	130.000
— de la buvette....................	15.000
— du bureau de poste et du télégraphe.	20.000
— du casino......................	140.000
— de l'abattoir....................	7.000
Total............F.	562.000

Ainsi que le Conseil municipal l'a spécifié dans sa délibération du 26 décembre 1875, l'approbation de ces six projets ne préjuge nullement la question de savoir si la commune accepte ou non ceux des prix d'application portés aux différents devis estimatifs et qui n'ont point été prévus dans le bordereau général annexé au cahier des charges. A cet égard, il est fait expressément réserve des droits de la commune.

Est également réservée la question des honoraires de l'architecte, dont le montant a été porté sur les divers devis estimatifs et que le Conseil municipal croit devoir laisser à la charge du concessionnaire.

ART. 2.

Indépendamment des projets approuvés et des plans cotés, il sera déposé à la mairie de Capvern, au fur et à mesure de l'avancement des travaux et avant leur exécution, les plans de détail devant servir à la confection des ouvrages. En outre, le concessionnaire sera tenu de remettre au maire de Capvern, assez à temps pour qu'il puisse en faire vérifier l'exactitude, s'il le croit utile, les dessins, attachements et profils nécessaires pour contrôler le cube effectif des terrassements et des maçonneries. Les attachements des ouvrages non apparents devront être pris contradictoirement par le représentant de l'entrepreneur et par le délégué de la commune.

ART. 3.

Il est bien entendu que la présente décision ne fait que ratifier la délibération du Conseil municipal en date du 26 décembre 1875, et, par conséquent, le concessionnaire sera tenu de s'y conformer en tout point.

ART. 4.

L'approbation des plans présentés par M. Souberbielle n'engage nullement l'Administration en ce qui concerne l'assiette de l'établissement thermal de Hount-Caoute, et il est bien entendu que le concessionnaire devra se conformer, pour la construction des bâtiments projetés le long du chemin de grande communication n° 10, au plan d'alignement de la traverse régulièrement approuvé par le Conseil général.

Tarbes, le 5 mars 1877.

Le Préfet,

Signé : De LESTAUBIÈRE.

Pour copie conforme :

Le Sous-Préfet,

MONTOUSSÉ.

Tarbes. — Imp. de J.-A. LESCAMELA.

www.ingramcontent.com/pod-product-compliance
Lightning Source LLC
LaVergne TN
LVHW022032080426
835513LV00009B/1000